*Ein Christ
lernt auch nicht leichter laufen*

Heitere Gedichte
von Erwin Brezing
mit
Illustrationen
von Hans Biedermann

D1666039

Aussaat Verlag Wuppertal

Copyright 1970
1. Auflage August   1970 – 10 000
2. Auflage Dezember 1970 – 10 000
Aussaat Verlag GmbH, Wuppertal
Alle Rechte vorbehalten
Umschlag: Tronje Hagen, Wuppertal
Druck: Aussaat Verlag, Wuppertal
ISBN 3 7615 0001 7

Ein Christ lernt auch nicht leichter laufen,
bis ihm ein sichrer Schritt geglückt.
Auch er muß größ're Schuhe kaufen,
wenn seines Glaubens Schuh ihn drückt.

Und lebt er gar auf großem Fuße,
fängt er auch schon zu stolpern an.
Das Wiederaufstehn nennt man Buße,
doch ist dies nicht so leicht getan.

Das Auf und Ab des Christenlebens,
ich nehm' es scharf in das Visier
und hoffe, es ist nicht vergebens
und hilft beim Laufen Dir und mir.

Ein Christ – er weint, bevor er lacht;
er wird zur Taufe schon gebracht,

noch eh' er selber sprechen kann,
stumm fängt sein Glaubensleben an.

Die Eltern, Paten, Onkel, Tanten,
die feierlich das Kind umstanden

und eben am Altar versprachen,
das Glaubenslicht ihm zu entfachen,

wie rasch sie alle doch vergessen
bei gutem Wein und reichem Essen

den, der an sich des Festes Mitte.
Was bleibt, ist eine schöne Sitte.

Und was bleibt unsrem Täufling schon?
Auf jeden Fall – die Konfession.

Ein Christ, er braucht die Konfession,
denn ohne sie, was ist er schon?
Womit bewiese er der Welt,
daß er zum Christenheere zählt,
wenn nicht der Glaubenssätze Norm
ihm lieferte die Uniform?

So steckt man ihn als Säugling schon
in das Gewand der Konfession.
Jedoch das ihm vererbte Kleid,
es paßt nicht mehr im Lauf der Zeit,
bis schließlich seine Nähte sprengt,
der Glaube, den es eingeengt.

Ist, was die Schar der Väter trug,
auch unseres Glaubens Maßanzug?
Wem Tradition nur heilig ist,
der trägt ihn auf, doch er vergißt,
wie leicht den Glauben er erstickt,
wenn er geplatzte Nähte flickt.

Ein Christ, er wurde konfirmiert,
nachdem man tüchtig exerziert
im Katechismus, daß den Glauben
die Welt ihm nicht mehr sollte rauben,
den er bekannte fest und laut.
Doch, ging er nur bis auf die Haut?

Der Unterweisung Prozedur,
sie gibt dem Glauben Krücken nur,
daß er sich durch die Welt bewege,
doch daß der Glaube selbst sich rege,
ist ein Geschenk aus höchster Hand.
Und ach, so mancher Konfirmand

wirft wie ein lästiges Gepäck
den Wanderstab des Lebens weg,
der ohnehin ihn nicht viel nützte,
weil er ja keinen Glauben stützte.
Ja, wo der Geist nicht weht und treibt,
nichts als ein neuer Anzug bleibt.

Ein Christ, er hatte einen Sohn,
wer weiß nicht schon ein Lied davon!
Den wollte er in Glaubensdingen
auf seine eig'nen Bahnen bringen,
daß diese ihn davor bewahrten,
ins Gammlerdasein zu entarten.

Doch unser junger Christensohn
hielt leider nicht sehr viel davon.
Von Menschenkunst und Menschenwissen
und Fortschrittsglauben mitgerissen
will er auf eig'ne Faust es wagen
und lächelt über Glaubensfragen.

Und eines Tages, unser Sohn,
er macht sich auf und läuft davon,
läßt den enttäuschten Vater stehen.
Der hat ihm lange nachgesehen
und sagt sich dann: Es ist am besten,
zur Wiederkehr das Kalb zu mästen.

Ein Christ, der hat sich vorgenommen,
– und es ist wirklich vorgekommen –
wie in der Schrift es vorgeschrieben,
den Nächsten wie sich selbst zu lieben.
So teilt, befolgend das Gebot,
mit seinem Nächsten er das Brot.

Da sah man Übernächste eilen,
um auch mit ihm das Brot zu teilen.
Er füttert nun in hellen Scharen,
die plötzlich seine Brüder waren.
Doch als er lädt zur Arbeit ein,
will keiner mehr der Nächste sein.

Als sie den Christen arm gefressen
und selbst das Danken noch vergessen,
sind langsam Zweifel ihm gekommen,
ob er sich's richtig vorgenommen.
Und seither fleht der arme Christ:
„Herr, zeig mir, wer mein Nächster ist!"

Ein Christ, der zu den Seinen zählte
und des Gehorsams Weg erwählte,
er will mit Gott im Frieden leben,
dem Kaiser was des Kaisers geben.
Das ist so lange gut gegangen,
als auch der Kaiser trug Verlangen,
nur zu regier'n zu Gottes Ehren,
sein Reich auf Erden zu vermehren.

Doch seit der Kaiser dies vergessen
und anfing, an sich selbst zu messen,
was da zu tun und was zu lassen
und was zu lieben, was zu hassen,
bereitet es dem Christen Qualen,
dem Kaiser den Tribut zu zahlen.
Wer sagt nun, fragt sich unser Christ,
dem Kaiser, was des Kaisers ist?

Ein Christ, daß er sich nicht verstricke,
sein Glaubenseifer nicht ersticke
in dem Gestrüpp der argen Welt,
die leider immer tiefer fällt,
zieht sich von dieser Welt zurück,
baut sich sein eig'nes frommes Glück
fein säuberlich von ihr getrennt,
die weiter ins Verderben rennt.

Er macht die Fensterläden dicht,
ihm leuchtet ja sein inn'res Licht.
Und als des Glaubens Eigenheim
er noch befreit vom letzten Keim
der reizenden, der bösen Lust,
zieht Ruhe ein in seine Brust.
Der brave Mann, er ist am Ziel,
jedoch sein Glaube ist steril.

Ein Christ, der seinem Heil nachjagte,
auf Erden nie zu lachen wagte.
Es gälte, in den ernsten Zeiten
sich mit viel Eifer zu bereiten
auf jenen Tag des Endgerichts,
zu lachen gäbe es da nichts.

Ach, daß so viele doch vergaßen,
daß denen, die im Finstern saßen,
ein helles Freudenlicht erschienen,
sie hätten nicht mit sauren Mienen
die Frohe Botschaft umgebracht,
und das tut jeder, der nicht lacht.

Ein Christ hat wirklich alle Gründe
zu lachen, – tut er's nicht, ist's Sünde.
Humor sei, wenn man trotzdem lache,
dann ist er ja des Christen Sache.
Hätt' unser Meister nicht Humor,
wir kämen längst schon nicht mehr vor.

Ein Christ, dem Ruhe ward beschieden,
verwechselt sie mit Seelenfrieden,
so konzentriert sich denn sein Glaube
darauf, daß niemand sie ihm raube
und keiner störe seine Kreise.

Er schleppt auf Zehenspitzen leise
sein Glaubensbündel durch die Gassen,
um kein Geräusch zu hinterlassen.
Denn erst, wenn wir die Welt erschrecken,
wird sie die Glaubenden entdecken.
Und wer nichts sagte und nichts meinte,
der hat auch nie die Welt zum Feinde.

Dünkt sich der Christ auch klug und weise,
so dreht er auf der Pilgerreise
sich doch nur um sich selbst vergebens,
jedoch die Krone dieses Lebens,
sie winkt den Kämpfern nur und Betern
und nicht des Glaubens Leisetretern.

Ein Christ, der es mit Ernst betreibt,
blieb lebenslänglich unbeweibt.
Er fürchtete der Sünde Klauen
und darum mied er alle Frauen,
schritt keusch und gänzlich unberührt
den Weg, der in den Himmel führt.

Wär er ein wenig nur beherzt,
dann hätte er sich nicht verscherzt
den letzten Rest vom Paradiese,
den ihn der Himmel kosten ließe.
Im Schweiße unseres Angesichts
blieb uns die Liebe und sonst nichts.

Vor allem hat er nicht bedacht,
daß Gott der Herr uns einst gemacht
als Mann und Frau – und daß zusammen
wir erst verdient des Menschen Namen.
Ist's gottgefällig, nicht zu frei'n
und nur ein halber Mensch zu sein?

Ein Christ fängt aufzuzählen an,
was für die Kirche er getan.
Er füllte Bänke ihr und Kassen
und denkt: Es kann sich sehen lassen.
Er hat sich wahrlich nicht geschont
und hofft, es wird einmal belohnt.

Der Christ hat heute nacht geträumt,
was für den Meister er versäumt:
Vergaß er nicht in all den Tagen
auch nur ein gutes Wort zu sagen
zu denen, die von ihm so oft
ein wenig Liebe sich erhofft?

Der Christ ist wieder aufgewacht.
Vergißt die Lehre dieser Nacht
schon wieder er beim nächsten Besten?
Die Leute unser Christsein testen
nach dem, was wir an Herz gezeigt,
erst recht, wenn's Kirchentreppen steigt.

Ein Christ, der mehr als vornehm gilt,
hängt an sein Hoftor dieses Schild:
„Das Betteln ist hier streng verboten."
Es scheut der Armut schmutz'ge Pfoten,
wer Tag für Tag der feinen Welt
im Kundendienst das Händchen hält.

Der Christ, er sitzt im Gottesdienst
und überschlägt den Reinverdienst
der letzten Woche in Gedanken,
die nur ums eig'ne Wohl sich ranken.
Ist es dem Herrn ein köstlich Ding,
wenn nur der Bauch zur Kirche ging,

der trotz den Hungernden der Welt
nur mit sich selbst das Festmahl hält
an Weihnacht, Ostern und an Pfingsten?
„Nur was Ihr tatet den Geringsten,
das habt Ihr wirklich mir getan!
Vor Gott ist jeder Bettelmann!"

Ein Christ, der offensichtlich betet,
sein Eigenlob zum Herrn trompetet:
Ging er nicht durch die enge Pforte?
So kann nach dem Verheißungsworte
für ihn es nur noch eines geben:
als Altersrente ew'ges Leben.

Jedoch die vielen, vielen andern,
die auf den breiten Straßen wandern,
laut fängt er an, sie zu verdammen.
Es züngeln schon der Hölle Flammen
um ihre sündigen Gebeine.
Der Christ in seinem Heil'genscheine
beginnt, in allen Einzelheiten
dem Herrn der Welt zu unterbreiten,
wo überall die Menschheit sündigt,
daß er das Strafurteil verkündigt.

Doch dieser läßt ihn ruhig reden,
er kennt ja schließlich einen jeden,
kennt jeden Sünder dieser Erde
und will, daß ihm geholfen werde.
Der Zöllner zu den Seinen zählte,
braucht er denn uns als Staatsanwälte?

Ein Christ, in dem sich Buße regt,
hat längst die Sünden abgelegt,
die jedem in die Augen springen,
doch will's ihm leider nicht gelingen,
von den verborgenen zu lassen,
es fällt ihm schwer, auch sie zu hassen.

Liebäugelt er mit ihnen doch. –
Gern bläst man in die Funken noch
und läßt sie im Geheimen sprühen,
die in der Asche weiter glühen,
zu der der alte Mensch verbrannte,
als er den Weg des Heils erkannte.

Ihr, die Ihr mit dem Feuer spielt,
nach Eurem alten Adam schielt
in seinen letzten Überresten,
laßt warnen Euch, zu Eurem Besten:
Gefährlich ist der Funkenflug!
Schon manchen er zur Hölle trug.

Ein Christ verkehrt in frommen Kreisen,
will seinen Glauben dort beweisen.
Er klagt: Wie ist die Welt so schlecht!
Wohl dem, der nicht ihr Sündenknecht!
Man hat den Eindruck von dem Mann,
er schreite wacker himmelan.

Doch will er andrerseits erreichen,
in allem auch der Welt zu gleichen,
damit er sie zum Freunde hat.
Und es gelingt ihm in der Tat,
daß sie ihn zu den Ihren zählt,
bis ihn dann sein Gewissen quält.

Anstatt sich mutig zu entscheiden,
hinkt weiter er auf beiden Seiten.
Halb Christenmensch, halb Weltmensch nur
macht er die kläglichste Figur.
Denn wer bei Gott und Welt hofiert,
vor beiden das Gesicht verliert.

Ein Christ nimmt seine Mahlzeit ein
in einem christlichen Verein.
Man spricht das Tischgebet zum Essen,
auch wird das Danken nicht vergessen.
Wie leicht dies von den Lippen geht,
wenn neben uns der Bruder steht.

Der Christ, auf sich allein gestellt,
speist im Hotel zur „Neuen Welt".
Er schaut im Saal sich um betreten,
will heimlich still zu Tische beten.
Doch ach, sein Mut, er ist zu schwach,
so daß er nur noch „Mahlzeit" sprach.

Und „Mahlzeit" hallt es rings im Chor.
Wie kommt er sich erbärmlich vor,
daß er bei einem Schweinebraten
den Herrn und Meister hat verraten.
Doch dieser hat's vorausgesehn,
hieß er uns nicht zu zweien gehn?

Ein Christ, der um Vergebung weiß,
erkennt – es überläuft ihn heiß –
was er dem Nachbarn angetan.
Voll Reue klopft er bei ihm an
und bittet, daß er ihm verzeihe
und ihn von seiner Schuld befreie.

„Vergeben schon, vergessen nicht!"
der fromme Nachbar zu ihm spricht.
„Nein, dazu sitzt es viel zu tief!"
Er zuckt die Achseln, lächelt schief.
Der andre wendet sich zum Gehen.
Die Schuld, sie bleibt im Raume stehen.

Und weil denn keiner sie begräbt,
am nächsten Tag sie weiterlebt.
Der Teufel, der das Unheil schürt,
er ist vor Freude fast gerührt:
Denn alle Schuld, die nicht vergessen,
sie ist ihm ein gefund'nes Fressen.

Ein Christ, bekannt als Stundenmann,
hört sich die Sonntagspredigt an.
Ihr Nachgeschmack ist ziemlich bitter,
denn jener Mann, der Samariter,
den keiner ganz für voll genommen,
beschämt er nicht so manchen Frommen?

Der Christ zur Bibelstunde fährt,
– sein Dienst am Wort ist sehr begehrt,
man steigt auf der Erkenntnis Stufen. –
Hört er da nicht um Hilfe rufen?
Ihm fehlt die Zeit für den am Wege,
er eilt, daß er das Wort auslege.

Der Christ liegt selbst am Straßenrand
und hebt vergebens seine Hand.
Ja, die Erkenntnis, sie ist bitter:
Es kommt und kommt kein Samariter!
Er bleibt allein mit seiner Wunde.
Ist nicht auch heute Bibelstunde?

Ein Christ fährt abends spät nach Haus,
die Zeltversammlung, sie war aus.
Als Pastor diente er am Worte.
Wie er schon nah dem Heimatorte,
da hat, – was war denn nur geschehn? –
er einen Menschen liegen sehn.

Hinab sich beugend merkt er wohl:
sein Opfer fand der Alkohol.
„He, Pastor, hilf mir auf die Füße!
Siehst Du, wie ich die Sünden büße?
Du hast mich letztes Jahr bekehrt,
das Heil, es hat nicht lang gewährt!
Sieh, nur, wie mich der Teufel plagt!"

„Mein Freund, das hast Du recht gesagt:
Bekehren ihn nur die Pastoren,
dann ist und bleibt der Mensch verloren.
Nur der die Hölle überwand,
der reißt uns aus des Teufels Hand!"

Ein Christ, er sieht den Nebenmann,
— es ist der Nachbar nebenan —
des Sonntags in die Kirche gehen
und werktags dann im Leben stehen,
wobei von ihm als Sonntagschrist
so gut wie nichts mehr übrig ist.

„Mein Nachbar ist", so sagt er sich,
„doch auch kein bess'rer Mensch als ich.
Um seine Fehler zu verschleiern,
hört man ihn fromme Lieder leiern.
Ich hab mit Heuchlern nichts gemein,
such' meinen Gott im Kämmerlein!"

Der dies gelobte treu und brav,
sucht in der Kammer nur den Schlaf.
Doch kommt am Ende das Erwachen,
dann wird er große Augen machen:
Der Nebenmann entschuldigt nicht,
wenn Gott mit uns persönlich spricht.

Ein Christ, den Petrus man genannt,
damit er fest im Glauben stand,
dem war bei jedem Hahnenschrei
gleich sein Bekennermut vorbei.
Macht da nicht jedes Mal die Runde
des großen Petrus schwache Stunde?

Und immer wieder kräht der Hahn
in Nachbars Garten nebenan,
als hätt' er's auf ihn abgesehn.
Warum soll dieses Hahnenkrähn
ihm seinen Glaubenseifer lähmen?
Er kann den Zorn nicht mehr bezähmen.

Damit es nicht so weitergeht,
hat er den Hals ihm umgedreht.
Der arme Hahn, er ist nun stumm,
doch nicht das Evangelium,
es hält dem Christenmann entgegen:
Hat es denn an dem Hahn gelegen?

Ein Christ, der gleichfalls Paulus hieß,
wenn er sich auch nicht messen ließ
mit dem Apostel der Geschichte,
verdient, daß man von ihm berichte.

Wie Paulus war auch er bekehrt.
Er blieb am Wort, das stets ihn lehrt
Gehorsam selbst in kleinsten Dingen.
Um ihn den Brüdern beizubringen,

verfolgt er sie, bis er sie schnappt
und sie auf frischer Tat ertappt,
wie das Gesetz sie übertreten,
versucht, sie in die Form zu kneten,

die aus dem Glauben er gemacht.
Im Eifer hat er nicht bedacht,
wie dies sein Herr und Meister fände.
Ist er nicht des Gesetzes Ende?

So mancher, der sich Paulus heißt,
ist's nach dem Fleisch, nicht nach dem Geist.
Es kann durchaus auf dieser Erden
auch aus dem Paul ein Saulus werden.

Ein Christ, er war darauf bedacht,
wie Nikodemus in der Nacht
mit dem Verstande zu ergründen,
wie er als Mensch in seinen Sünden
dem Tod verfallen und verloren,
zu neuem Leben werd geboren.

Er hat darüber viel studiert,
noch mehr darüber diskutiert,
ja selbst darüber noch geschrieben
und ist der Alte doch geblieben.
Er wollte Gottes Logik finden
und konnte nimmer es verwinden,

daß der, der keine Sünde tat,
sich selbst für ihn geopfert hat,
damit sich alles Fragen lege.
So stand er seinem Heil im Wege.
Statt daß die Sünden ihm genommen,
ist er um den Verstand gekommen.

Ein Christ, wär' Judas er getauft,
er hätte sich wohl schlecht verkauft,
weshalb man es bisher vermied,
den Menschen, der den Herrn verriet,
durch seinen Namen wachzuhalten
in der Geburtsregister Spalten.

Doch ist denn Judas wirklich tot?
Der Herr bricht auch mit uns sein Brot.
Nur fragt ihn heute keiner mehr:
„Der Dich verrät, bin ich es, Herr?"
Es lockt die Welt mit andern Dingen
als nur mit dreißig Silberlingen.

Und der sich einst das Leben nahm,
in einem jeden wiederkam,
der, um mit dieser Welt zu leben,
den Herrn und Meister preisgegeben.
Wär' er am Namen zu erkennen,
wer müßte sich nicht Judas nennen?

Ein Christ, der Schüler unterweist
in dem, was Religion man heißt,
glaubt, daß die Seelen er ertüchtigt
dadurch, daß er die Leiber züchtigt.
Ihn ärgert, daß der heut'gen Welt
die strenge Zucht von gestern fehlt.

Hat einer früher sich gemuckt,
dann hat ihn schon das Fell gejuckt.
Und selbst die schwärzesten der Schafe
parierten durch die Prügelstrafe.
Daß Zucht und Ordnung wiederkehrt,
sein Stock nun in die Klasse fährt.

Die Schüler sitzen starr und stumm.
Ist's nicht das Evangelium,
das er zerschlägt mit seinen Hieben?
Was ist von ihm denn noch geblieben?
Ob man den Weg des Heils erkennt,
wenn einem nur der Hintern brennt?

Ein Christ, wenn er zur Kanzel geht,
hat stets die Heizung zugedreht,
obwohl es draußen kalter Winter.
„Denn die da rechte Gotteskinder,
die werden warm durch Gottes Wort!"
spricht er und fährt im Texte fort.

Doch die Gemeinde in dem Chor,
sie saß vermummt und fror und fror.
Man reibt sich rings die steifen Hände
und betet nur noch: Mach ein Ende!
Ob es in Gottes Willen liegt,
daß man nur kalte Füße kriegt?

Was sonst der Gläub'gen Herz bewegt,
wie Eis sich auf die Seelen legt.
Das Wort dringt nicht mehr an die Ohren,
ist auf der Kanzel eingefroren.
Die Frohe Botschaft, sie gefriert,
wird sie den Menschen kalt serviert.

Ein Christ, er wurde leicht nervös.
Im Grunde war der Mann nicht bös,
nur ärgerte ihn jedes Ding,
das nicht nach seinem Sinne ging.
Und diesen Ärger ließ er fahren
auf alle, die da um ihn waren.

Der Christ fängt laut zu schreien an,
obwohl ihm keiner was getan,
glaubt seinen Worten mit dem Schreien
noch größ'ren Nachdruck zu verleihen
und muß sich leider eingestehen:
Meist ist das Gegenteil geschehen.

Und weiß er nicht, wie's weitergeht,
wenn irgend etwas vor ihm steht,
dann fuchtelt und dann jammert er:
„Ich habe keine Nerven mehr!"
Doch könnt' den Knoten er durchhauen,
sagt' er statt Nerven: Gottvertrauen.

„*Ein Christ*, er sei das Salz der Erde,
bis daß ich wiederkommen werde!"
der Herr einst zu den Seinen sprach.
Doch, salzen wir denn seither nach?

Es kocht sich eine jede Gruppe
der Christen ihre eig'ne Suppe.
Damit man bleibe chemisch rein
in dieser Welt, salzt man sich ein.

Wie viel ist schon in ihr verschimmelt,
derweil wir uns nur angehimmelt,
als Salz uns dünkten viel zu schad!
Schmeckt deshalb diese Welt so fad

und füttert sich mit faulen Reizen,
weil wir mit unsrer Würze geizen?
Das Salz wird dumm, verliert die Kraft,
der Glaube schwindet und erschlafft,

verzehrt er sich in eig'nen Dingen.
Noch könnten wir die Welt durchdringen!
Doch tun wir's nicht, dann naht der Schritt,
der weggeworf'nes Salz zertritt.

Ein Christ singt wieder „Stille Nacht".
Geschlagen ist sie nun, die Schlacht
der hektisch lauten Weihnachtswochen,
es hat der Rummel sich verkrochen
und froh, daß das Geschäft geblüht,
dreht man auf Stimmung das Gemüt.

Das Christkind aus dem Warenhaus,
es teilte seine Gaben aus.
Um Wohlstand recht zur Schau zu tragen,
hielt vor dem Haus der Möbelwagen.
Daraus entlud man Stück um Stück
des Inventars zum Weihnachtsglück,

bis dann der Weg total verstellt
für ihn, den Heiland dieser Welt.
Laßt Euch im Festtagslärm nicht stören,
sonst könntet Ihr sein Klopfen hören!
Ob wohl der „Holde Knabe" lacht
beim dritten Vers von „Stille Nacht"?

Ein Christ geht in sich für ein Jahr,
das eben abgelaufen war.
Er streut sich Asche auf das Haupt,
weil er so lau und träg geglaubt
und nichts von dem zum Ziel gekommen,
was er sich hatte vorgenommen.

Der Besserung im Neuen Jahr
verschreibt er sich mit Haut und Haar.
Der guten Vorsätz' hat er viel.
Verdirbt sie stets des Teufels Spiel?
Kann man mit ihnen frei von Lastern
nicht auch den Weg zum Himmel pflastern?

Kaum fügt den ersten Pflasterstein
er dann dem Neuen Jahre ein,
da stolpert er und liegt schon flach,
der Geist ist willig, 's Fleisch ist schwach!
Der Christ, er lebt den Rest vom Jahre
davon, daß ihn der Herr bewahre.

**Ein Christ
erblickt das Licht der Welt**

Heitere Gedichte von Erwin Brezing
mit Illustrationen von Hans Biedermann
48 Seiten

Dieser heitere Gedichtband mit angriffigen Karikaturen
nimmt in nicht immer milder, dafür aber engagierter
Weise Stellung zu Fragen des Glaubens und Lebens.
Ob es sich um Totozettel, Traualtar, Horoskop, Rohkost,
Politik, Theologie, Geburtenregelung oder Make-up
handelt, immer werden große und kleine Schwächen
derer angesprochen, die vorgeben, Christen zu sein.
Dietrich Mendt

Günter Tesch singt Erwin Brezing

Schallplatte 17 cm / Upm

Der bekannte Evangeliumssänger Günter Tesch hat die
beiden Gedichte „Notstandsglaube" und „Ein Christ
Theologie" vertont.
Folkloregitarren: Rainer E. Römer und Antoine Bonnevall
Elektroorgel: Markus Staub
Konzertgitarre: Otto Altvater
Gesang: Günter Tesch

Abgekanzelt

Satiren und Parodien
144 Seiten, Illustrationen von Henry Büttner,
gebunden mit Schutzumschlag

Das Wort „abgekanzelt" ist ganz buchstäblich zu
nehmen, denn der Verfasser ist Pfarrer. Er versucht hier
mit Witz, Satire und Ironie den menschlichen
Schwächen und Vorurteilen beizukommen — und dies
gelingt ihm auf köstliche Weise.

AUSSAAT VERLAG WUPPERTAL